ORIGINES

DE

LA FAMILLE COURONNEL

RÉPONSE

DU MARQUIS DE MAILLY-NESLE

AU LIVRE INTITULÉ

SOUVENIRS D'UNE ANCIENNE FAMILLE

PAR LE COMTE DE COURONNEL

LAVAL

IMPRIMERIE DE L. MOREAU

1891

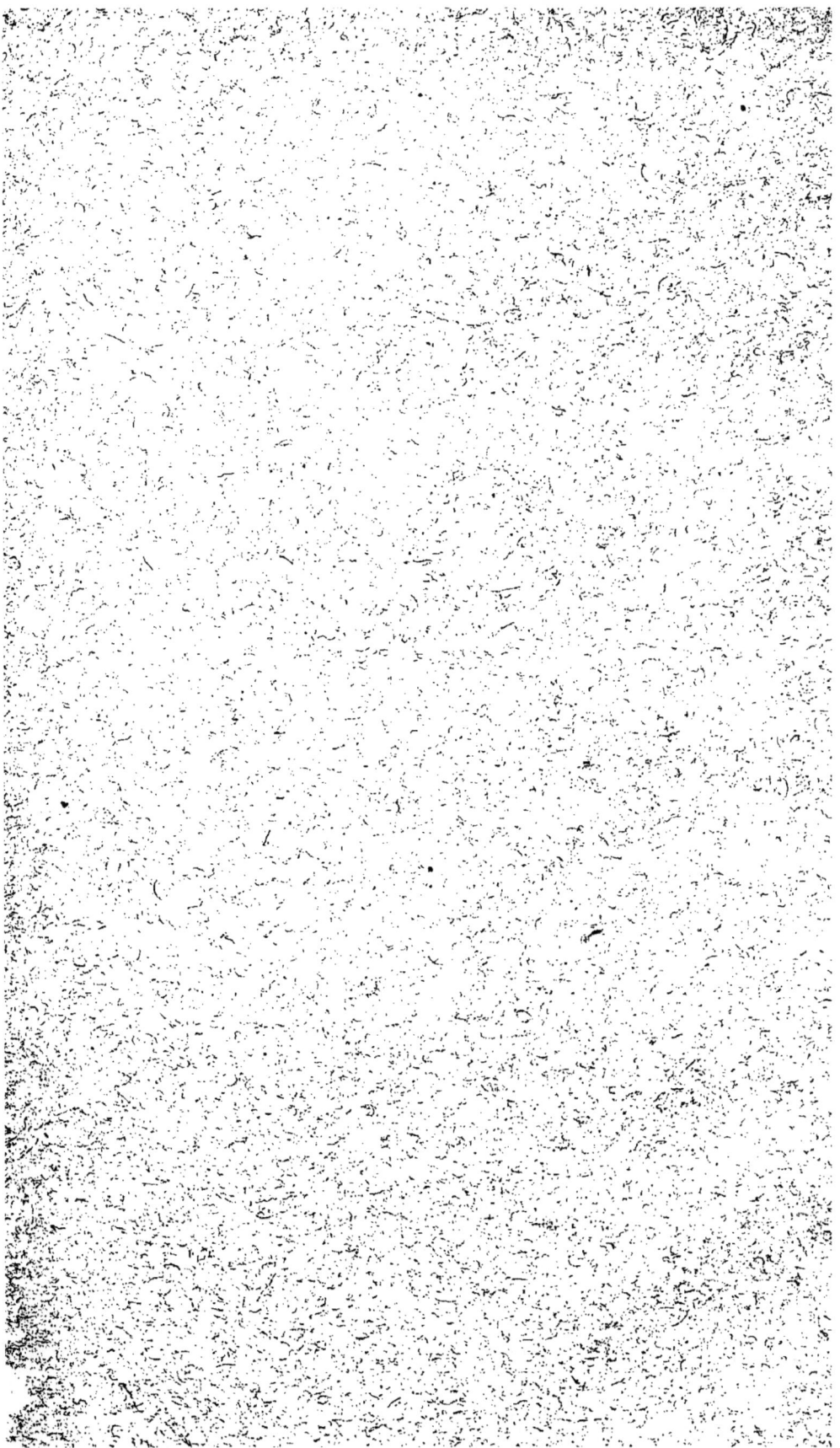

ORIGINES

DE

LA FAMILLE COURONNEL

RÉPONSE

DU MARQUIS DE MAILLY-NESLE

AGE QVOD AGIS

Imp. L. Moreau
Laval

ORIGINES

DE

LA FAMILLE COURONNEL

RÉPONSE

DU MARQUIS DE MAILLY-NESLE

AU LIVRE INTITULÉ

SOUVENIRS D'UNE ANCIENNE FAMILLE

PAR LE COMTE DE COURONNEL

LAVAL

IMPRIMERIE DE L. MOREAU

——

1891

PRÉFACE

Après le procès-verbal du 19 octobre 1891, qui me donne toute satisfaction[1] et qui termine la polémique que j'ai soutenue contre M. le comte de Couronnel[2], on sera peut-être étonné de l'apparition de cette notice.

Si la discussion est close dans les journaux, il reste un livre, raison première de l'incident ; ce livre, signé Mailly-Couronnel, avait pour but d'établir les droits de Messieurs de Couronnel au nom de Mailly, et l'auteur prétendait y prouver d'une façon irréfutable ses prétentions en essayant de jeter l'obscurité sur une maison dans laquelle il croyait pouvoir faire entrer ses ancêtres.

Malheureusement il oubliait que les grands généalogistes, tels que le Père Anselme, Moréri, Le Laboureur, etc., s'étaient tous entendus pour ne pas parler de MM. de Couronnel.

La grande défense de M. le comte de Couronnel est la création du marquisat de Mailly-Couronnel ; ceux qui savent avec quelle facilité on obtenait des titres au XVIIIe siècle ap-

1. Voir deuxième partie, n° XI.
2. Voir deuxième partie.

précieront la valeur de cet argument. Personne n'a oublié cette apostrophe célèbre d'un seigneur de la cour de Louis XV au duc de Richelieu, créé gentilhomme de la chambre : « Enfin, M. le duc, vous voilà gentilhomme. » Il a fallu que la bonne foi du roi Louis XV ait été surprise d'une façon bien évidente puisqu'un procès intenté par le vicomte de Mailly au marquis de Couronnel a suffi pour que le roi Louis XVI annulât ce qu'avait fait son prédécesseur et dans des termes sévères envers ceux qui avaient été l'objet de cette faveur.

Je fais suivre cette brochure des articles qui ont été publiés dans le *Gaulois* ; les réponses de M. de Couronnel y sont fidèlement rapportées.

Je n'ai pas voulu cependant livrer à la publicité certaine lettre particulière échangée entre nous à la suite de l'article du 28 septembre paru dans le journal du 5 octobre, ayant l'intention de conserver à cette publication un simple caractère de défense.

J'espère et désire qu'après la lecture de cette notice, les intéressés sachent enfin ce qu'ils sont : Une famille ancienne et fort honorable, avec de belles alliances modernes, mais qui n'a rien de commun avec la maison de Mailly.

Marquis DE MAILLY-NESLE.
La Roche-Mailly, le 5 novembre 1891.

1ʳᵉ PARTIE

ORIGINES

DE LA FAMILLE COURONNEL

Le nom de Couronnel semble destiné à des oscillations dont il est difficile de comprendre la loi. Soumis à un mouvement incessant, il se présente tour à tour sous les diverses formes de *Couronnel, Couronnel-Mailly, Couronnel dit de Mailly, Mailly-Couronnel.*

Depuis le XIVᵉ siècle, époque à laquelle on voit apparaître les premiers Couronnel, jusqu'au milieu du XVIIᵉ siècle, c'est-à-dire pendant trois cents ans, aucun Couronnel n'eut l'idée de s'approprier le nom de Mailly. Les anciens actes concernant cette famille portent tous sans exception : « Jehan Couronnel, Hue Couronnel, Charlot Couronnel, Charles Couronnel, Clérembault Couronnel. » Ces braves gens, d'origine bourgeoise, avaient certainement un profond respect pour le *cuique suum*.

Il faut arriver au XVIIe siècle, en 1655, pour rencontrer « Philippe Couronnel, dit de *Mailly*, écuyer, » et « Philippe Couronnel-*Mailly* » dans de prétendues lettres de chevalerie accordées par le roi d'Espagne à Philippe Couronnel, écuyer, sieur de Mernes.

L'appétit vient en mangeant, dit un vieux proverbe. Bientôt les Couronnel entreprirent de reléguer au second plan leur nom patronymique et de placer celui de Mailly en vedette. Ils n'étaient plus Couronnel ; Couronnel-Mailly ne suffisait pas à leur ambition ; ils voulaient être Mailly-Couronnel. Dans ce but, ils prétendirent que depuis 1445, ils étaient reconnus comme une branche de la maison de Mailly en Picardie, donnant ainsi la leçon aux vieux Couronnel qui, paraît-il, ne connaissaient rien à leur généalogie !

Cette prétention absolument insoutenable fit naître dès 1752 un procès de famille qui eut un fâcheux résultat pour les usurpateurs du nom de Mailly. En 1782, le *Conseil provincial et supérieur d'Artois* rendit un arrêt[1]

---

1. Cet arrêt fut imprimé à Arras, chez Michel Nicolas, rue Saint-Géry. In-4° de 14 pages.

« Qui fait défenses à messire *Charles-Oudart-*
« *Joseph Couronnel de Vélu* et à ses descendants
« nés, à naître, de se dire issus de la Maison
« de MAILLY, et notamment de la maison ou
« branche de MAILLY-L'ORSIGNOL, de prendre ou
« porter le nom de MAILLY seul ou conjointe-
« ment avec celui de Couronnel ; lui ordonne
« de faire tenir note dudit arrêt en marge des
« contrats et actes de mariage, actes de baptê-
« mes et de sépultures, tant dudit sieur Cou-
« ronnel que de son père et de ses enfants,
« dans le délai d'un an ; de faire effacer le nom
« de MAILLY sur les épitaphes et autres monu-
« mens publics de sa famille dans le même dé-
« lai, sinon permet à M. Alexandre-Louis,
« vicomte de Mailly, premier écuyer de Ma-
« dame, en survivance, colonel commandant
« du régiment d'Anjou, gouverneur des ville et
« citadelle de Mont-Louis, de le faire effacer
« aux frais dudit sieur Couronnel ; ordonne au-
« dit sieur Couronnel d'ajouter à ses armes,
« partout où elles sont peintes, gravées ou
« sculptées, la bande de sable mentionnée en la
« sentence du 24 avril 1445, ainsi que ses
« ayeux et les seigneurs de Cognœul la por-
« toient, dans le même délai ; reçoit M. le
« vicomte de Mailly opposant à l'arrêt du 3
« août 1771, portant enregistrement des lettres
« d'érection en marquisat des terres de Baras-

« tre et autres, obtenues par ledit sieur Cou-
« ronnel sous le nom de MAILLY-Couronnel, fai-
« sant droit sur la dite opposition et sur les
« conclusions de MM. les gens du roi, ordonne
« que l'arrêt sera rapporté, condamne le sieur
« Couronnel aux dépens. »

La leçon était dure, mais méritée. La famille
Couronnel, après différentes alternatives de ré-
volte, se le tint pour dit, car, en 1859, elle fit
insérer, dans l'*Annuaire de la Noblesse* de Borel
d'Hauterive[1], une Notice qui débute par ces
lignes :

« L'ancienne maison Couronnel *n'a point une*
« *commune origine avec celle de* MAILLY, comme
« l'ont dit plusieurs généalogistes du XVIIe et
« du XVIIIe siècle, se fondant sans doute, faute
« d'actes authentiques d'une époque aussi re-
« culée que le XIIIe siècle, sur ce que les deux
« noms se trouvent réunis[2] dans plusieurs actes
« et contrats. Mais le nom de Mailly semble
« n'avoir été pour celle de Couronnel qu'un
« surnom ; ainsi dans les lettres de chevalerie
« données par Philippe IV, roi d'Espagne et
« comte d'Artois, à Philippe Couronnel, il est
« nommé indifféremment *Couronnel de Mailly* et
« *Couronnel dit Mailly*. Il en est de même dans

---

1. 16e année, pp. 227 et suivantes.

2. L'auteur de ces lignes aurait dû ajouter : *à partir du milieu du XVIIe siècle.*

« plusieurs autres actes, et c'est dans l'*Armo-*
« *rial général de France*, recueil officiel dressé
« par ordre de Louis XIV, de 1696 à 1710,
« qu'on trouve pour la première fois le nom de
« MAILLY précédant celui de COURONNEL[1]. »

Telle sembla être, jusqu'en 1887, l'opinion
de M. le comte de Couronnel lui-même. Dans
ce temps, de 1884 à 1887, il publia des articles
historiques sur Magnac-Laval et le prince duc
de Laval-Montmorency, sous la signature de
comte de Couronnel[2].

Je croyais la question définitivement résolue
quand, en 1889, parut un volume dont le titre
est ainsi libellé : *Souvenirs d'une ancienne famille. La maison de Mailly-en-Artois*[3] *; branche de
Mailly-Couronnel, par le comte de Mailly-Couronnel.*

J'appris par un article bibliographique du
journal le *Gaulois*[4] l'existence de cet ouvrage et

---

1. M. le comte de Couronnel, à qui je dédic ces lignes,
pourra m'objecter que la *Notice* n'étant pas signée elle a
été composée sans l'autorisation de sa famille. Dans ce
cas, je lui répondrai qu'il est dans une complète erreur.
Chacun sait dans quelles conditions l'*Annuaire de la Noblesse* insère les articles généalogiques.

2. *Notice sur Magnac-Laval*, par *le comte de Couronnel*.
Bellac, 1884. — *Notice sur Magnac-Laval*, 2ᵉ partie, par *le
comte de Couronnel*. Bellac, 1886. — *Un ambassadeur d'autrefois. Le prince duc de Laval-Montmorency*, par *le comte
de Couronnel*, ancien secrétaire d'ambassade. Limoges,
1887.

3. Ou pour mieux dire : Mailly en Picardie.

4. Voir cet article bibliographique, 2ᵉ partie, nᵒ I.

la nouvelle tentative de M. le comte de Couronnel pour se rattacher à la maison de Mailly.
Chef de cette dernière, je protestai par une lettre dans le même journal, en faisant remarquer
qu'excepté la descendance d'Augustin-Joseph,
comte de Mailly, maréchal de France, mort sur
l'échafaud révolutionnaire, personne n'avait le
droit d'ajouter à son nom celui de Mailly[1].

M. le comte de Couronnel répondit avec ai-
greur : « Qui donc actuellement peut se dire
marquis de Mailly-Nesle et prétendre agir en
chef de famille ? Je n'ai pas eu à m'occuper de
MM. de Mailly d'Haucourt dans un ouvrage
dont le caractère historique n'a rien d'agressif.
C'est plutôt un recueil de documents, un livre
de raison, publié d'après les archives de famille, qu'une généalogie.... L'auteur de la lettre pourra se le procurer à Limoges, chez l'imprimeur, M. Herbin. Il y pourra reconnaître *la
valeur de certaines prétentions,* en lisant les lettres d'érection en marquisat accordées à Charles-Oudart-Joseph de Mailly-Couronnel, par le
roi Louis XV, au mois de juin 1771[2]. »

MM. de Mailly d'Haucourt, ou pour mieux
dire le marquis de Mailly-Nesle (un *quidam* in-
connu à M. le comte de Couronnel) s'est pro-
curé le livre susdit chez M. Herbin, à Limoges.

1. 2e partie, no II.
2. 2e partie, no III.

Il l'a lu avec attention et y a reconnu l'*inanité de certaines prétentions*. Agissant en chef de famille, il se propose d'établir que ce livre soi-disant historique n'est qu'un trompe-l'œil mal composé, que les *Couronnel* sont *Couronnel tout court*, malgré les lettres de Louis XV, et qu'ils n'ont aucune communauté d'origine avec les *Mailly*.

Par malheur et contre ma volonté, il ressortira de cette dissertation, purement historique je le répète, que non-seulement les Couronnel n'appartiennent pas à la maison de Mailly, mais qu'aux XIVᵉ et XVᵉ siècles, *ils vivaient très médiocrement, notoirement sans noblesse, que dans ce temps les qualificatifs de noble, écuyer ou chevalier ne furent jamais joints à leur nom, et qu'ils exerçaient des charges bourgeoises.*

*
* *

Tout d'abord, il est bien entendu — et M. le comte de Couronnel n'y contredit pas — qu'il n'existe aucun document rattachant d'une manière précise et directe les Couronnel aux Mailly. J'entends un document authentique où on lirait par exemple : Pierre de Mailly, dit Couronnel, fils ou petit-fils de Jean de Mailly. Les inventeurs de la branche Mailly-Couronnel n'ont procédé que par induction en s'appuyant sur deux pièces d'une authenticité douteuse. Or l'induction en matières généalogiques ne saurait produire la certitude.

La plus importante de ces deux pièces est une sentence rendue le 24 avril 1445 par les gens du bailliage de Lille, Douay et Orchies, déchargeant du droit de nouvel acquêt « *Charles Couronnel,* » conseiller du duc de Bourgogne. On a bien lu *Charles Couronnel;* — de *Mailly-Couronnel* il n'en est pas question. Ce document, pièce capitale du système Couronnel, contient les détails généalogiques suivants :

« *Charles Couronnel,* conseiller » du duc de Bourgogne, « avoit esté filz légittime de deffunct *Hue Couronnel* et de damoiselle Ysabel Le Viseuse, ses père et mère, et du costé de son dit père estoit venu et extrait des seigneurs de Cougnœul, qui est ung costé noble d'anchienneté, et sont les armes *trois maillés de gueules sur un champ d'or à une bende de sable* et crient : *Mailly.* Et d'icellui costé estoit ledit feu *Hue Couronnel,* cousin yssu de germain de ligne légitime à deffunct *Colart de Cougnœul,* au temps de sa vie, seigneur d'icelle ville de Cougnœul et cappitaine de Belle-Motte-les-Arraz, et à Mahieu de Cougnœul son frère.... *Et peult le dit Charles Couronnel porter, s'il luy plaist, les dites armes de Cougnœul.* »

De ce document les Couronnel concluent :

Hue Couronnel, cousin issu de germain du côté paternel de Colard et de Mathieu de Cogneul, descendait certainement en ligne masculine d'un Cogneul, surnommé Couronnel on ne sait pour quel motif. Si en 1445 on permet à Charles, son fils, de porter les armes des Cogneul, c'est qu'il était réputé de cette dernière famille.

RÉPONSE. — Hue Couronnel, cousin issu de germain de Colard et de Mathieu de Cogneul, pouvait très-bien descendre des Cogneul par sa grand'mère paternelle, de qui les Couronnel auraient pris les armes, comme cela se faisait souvent.

M. le comte de Couronnel m'objectera que la grand'mère paternelle d'Hue Couronnel ne pouvait-être une Cogneul puisque Pierre Couronnel, son grand père, avait épousé, en 1322, Béatrix de Calonne.

J'admettrai le mariage de Béatrix de Calonne avec *Pierre Couronnel* quand on m'aura prouvé l'existence de celui-ci. M. le comte de Couronnel connaît si peu son *Pierre Couronnel*, le prétendu mari de Béatrix de Calonne, qu'il écrit à la page 19 des *Souvenirs d'une ancienne famille*. « Un titre, que d'anciens papiers disent reposer aux chartres d'Artois, porte que PIERRE DE MAILLY-COURONNEL se reconnut débiteur avec Guillaume de Hebuterne, chevalier, seigneur de ce lieu, Drier de Saint-Léger, et

Wantier (sic) de Hebuterne, aussi escuiers, d'une somme de 20 livres parisis vers Pierron Le Jumel le jeune, lors bailly de la ville de Troyes, pour vente de bois que celui-ci leur avait faite, ainsi qu'il conste de ce titre passé et reçu par les échevins de Foncquevillers au mois d'avril 1307. »

M. le comte de Couronnel est bien sûr de son fait. Il possède dans ses papiers de famille la copie d'un titre reposant aux chartes d'Artois et ce titre est une reconnaissance de PIERRE DE MAILLY-COURONNEL.

Quand on *falsifie l'histoire*, on n'écrit pas dans les journaux : « Je n'ai pas eu à m'occuper de MM. de Mailly-Haucourt dans *un ouvrage dont le* CARACTÈRE HISTORIQUE n'a rien d'agressif. » N'en déplaise à M. le comte de Couronnel, son ouvrage historique renferme *au moins un document interpolé.* Son PIERRE DE MAILLY-COURONNEL de 1307, n'est autre que PIERRE DE COGNEUL.

Voici la partie importante du document de 1307 que nous offrons aux amateurs de généalogies véridiques. On y cherchera en vain *Pierre de Mailly-Couronnel.*

1307, avril (v. s.). « Sachent tout chil qui sont et qui avenir sont, ke messire Williaumes, chevaliers, sires de Lokes et de Herbusterne, Driex de Sainct-Ligier, Wautiers de Herbus-

terne et PIERRES DE COYNGNŒL, tout troi escuiers, tout chil quatre ont reconnus, par devant eskevins de Fongviler, ke il doivent sour
aus et sour tout le leur.... à Pierron Le Jumel,
le joule, à cel tans, baillieu de Troies, sis viñs
(et non 20) livres de parisis.... de vente de
bos ke li dis Pierres Li Jumiaus leur a creu
bailliet et délivré de son propre catel et sans
nule vilaine convenence.... Ceste convenenche
fu faicte et reconuse par devant eskevins de
Fongviler, en l'an del incarnation Nostre-Si-
gneur mil trois cens et sept, el mois d'avril.
A che furent comme eskevin de Fauconviler,
c'est à savoir Colars li Carons, Adams War-
niers et Gilles Castelains. »

Je n'invente pas cette pièce. Elle existe en
copie[1] dans mes archives de La Roche-Mailly
et très probablement en original aux archives
départementales du Pas-de-Calais. Elle contient
en toutes lettres le nom de « PIERRE DE COYN-
GNŒL » et non celui de PIERRE DE MAILLY-
COURONNEL.

Mais je laisse cette querelle, qui a son importance pour la critique historique du livre de
M. de Couronnel, et je reviens à la sentence

---

1. Copie en papier collationnée par « Josse-François-
Sophie Binot, conseiller du roy, trésorier des chartres du
pays et comté d'Artois, soussigné, et trouvée conforme à
l'original chirographe reposant dans la chambre des dic-
tes chartres. » 11 juillet 1780. Signé : Binot.

du 24 avril 1445 qui établit seule la parenté des Couronnel et des Cogneul.

Que vaut cette sentence ?. Rien peut-être ? Elle semble avoir été fabriquée en 1583, époque à laquelle un Jean Couronnel était conseiller pensionnaire de la ville d'Arras. L'original qui devait exister à Lille n'a pu y être retrouvé en 1778. La preuve en sera faite par les certificats suivants :

« Nous soussigné, directeur et garde des chartes de la Chambre des comptes du roy à Lille, déclarons qu'après recherches faites dans les titres et papiers du dépôt qui m'est confié d'un jugement rendu par la chambre des comptes de Lille, le vingt quatre avril mil quatre cent quarante [cinq], qui décharge Charles de Mailly, père de Clérembault, du droit de nouvel acquest pour le fief et seigneurie de Mernes, cité dans les lettres d'érection en marquisat obtenues par Charles-Oudart-Joseph de Mailly-Couronnel, au mois de juin mil sept cent soixante et onze, *je n'ay point trouvé ce jugement,* en foy de quoy j'ay signé le présent certificat. — A Lille, le sept décembre mil sept cent soixante et dix huit. — (Signé) Godefroy[1]. »

« Je soussigné, commis juré au greffe du bailliage de Lille, certifie à tous qu'il appar-

---

1. Archives de La Roche-Mailly. Original papier.

tiendra qu'après avoir cherché dans les archives du siège après une sentence rendue pour *Charles Couronel,* en datte du vingt quatre avril quatorze cens quarante cinq, qui décharge ce dernier du droit de nouvel acquêt, comme étant issu et extrait de nôble génération, tant du côté paternel que maternelle.... *ne point avoir trouvé la ditte sentence.* En foy de quoy, j'ai signé le présent et apposé le scel ordinaire dudit bailliage, le sept décembre mil sept cent soixante dix huit. —Par ordonnance : Decroix[1]. »

C'est donc entendu, la pièce capitale du système Couronnel, qui établit une parenté quelconque entre les Cogneul et les Couronnel, n'a pu être retrouvée dans les archives de Lille, en 1778.

L'autre pièce, sur laquelle s'appuient les Couronnel pour établir leur parenté avec les Mailly, est un certificat de dom Etienne Le Pez, religieux de Saint-Vaast d'Arras, délivré le 24 avril 1704.

Etienne Le Pez y déclare gratuitement que les Couronnel « descendent en droite ligne des seigneurs de Cogneul dont les armes étaient *d'or à trois maillés de gueulles au filet de sable en bande* et le cry *Mailly,* ce qui est très véritable (ajoute-t-il) puisque les anciens seigneurs de Cogneul

---

1. Arch. de La Roche-Mailly. Orig. en pap., scellé.

étoient issus en ligne masculine d'*Adam de Mailly, seigneur de Cogneul,* fils *apparemment* de Gilles, seigneur de Mailly et de Cogneul, *ainsi qu'il paroît par titre conservé dans la famille de Mailly*, en datte du mois de may 1233, que ledit Le Pez a vu en original et dont il a tiré luy-même une copie, ledit *Adam* paroissant avec le nom de Cogneul, par titre du mois d'avril l'an 1250, vu aussi en original chez ledit de Mailly par ledit Le Pez et dont il a aussi tiré copie[1]... »

La prétendue sentence du 24 avril 1445 établissait la parenté des Couronnel avec les Cogneul, il restait à relier les Cogneul aux Mailly.

Le certificat de dom Le Pez opère en 1704 cette fusion si désirée. A l'aide de cette pièce et de la sentence de 1445, on arrive très subtilement à ce résultat.

Une branche de la maison de Mailly (la branche de L'Orsignol paraît-il) ayant possédé Cogneul qui relevait de la terre de L'Orsignol, les seigneurs qui, dans la suite, ont possédé Cogneul, étaient des Mailly.

Or la famille du nom de Cogneul, dont étaient membres Colard et Mathieu de Cogneul, a possédé cette terre.

Donc les seigneurs du nom de Cogneul et leurs parents les Couronnel étaient de la famille de Mailly.

1. Arch. de La Roche-Mailly. Pièce papier.

Il n'y a qu'un malheur pour cette ingénieuse déduction. Le certificat de dom Le Pez est une attestation extra-judiciaire qui contient des faussetés évidentes. Les titres de 1233 et de 1250, que le religieux de Saint-Vaast a cru voir dans les archives de la maison de Mailly, n'y ont pu être retrouvés au XVIIIe siècle, malgré de rigoureuses recherches. Par ailleurs les Mailly des XIIe et XIIIe siècles ne sont jamais qualifiés dans les nombreux actes de l'époque « seigneurs de Cogneul. » Quant à *Adam de Mailly*, seigneur de Cogneul, fils présumé de Gilles, c'est un pur mythe. Peut-être que dom Le Pez a lu quelque part *Adam de Mailly* (de Mailliaco) au lieu d'Adam de Milly (de Milliaco). On a vu des confusions autrement extraordinaires[1].

Et lors même que les Cogneul, plus ou moins parents des Couronnel, auraient succédé aux Mailly dans la possession du fief de Cogneul, faut-il en conclure que ces Cogneul étaient de la maison de Mailly ? Le bon sens suffit pour faire répondre non. Au moyen-âge, tout comme de nos jours, les terres passaient souvent d'une famille dans une autre qui lui était étrangère

Je pourrais soulever ici d'autres difficultés. Mais je m'arrête, ayant hâte d'étudier l'étatcivil des premiers Couronnel et d'apprendre par là s'ils ont vécu noblement comme tous les membres de la maison de Mailly.

---

1. Adam de *Milly*, qui est connu, vivait précisément à cette époque.

*
**

La famille de Cogneul, qui, au dire de la sentence peu authentique de 1445, portait : *d'or à trois maillets de gueules au filet de sable en bande*, avec le cri *Mailly*, était certainement noble. On rencontre :

1307, avril. « Pierre de Coyngnoel, *escuier*, » celui que M. le comte de Couronnel a transformé en Pierre de Mailly-Couronnel.

1405-1409. « Colart de Coigneul, *escuier*. »

1412, 25 août. « Collart de Congnoel, *escuier*, et demoiselle Agnès Bonjent? sa femme, forains et non bourgeois d'Arras. »

1413, 1414. Reçu « de Colard de Coignoel, *escuier*, pour une maison qu'il a, faisant le toucquet de la rue de l'Espée à Arras, au terme de Noël, III sols. »

1409 (v. s.), 21 mars. « Damoiselle Marie Huguedieu, au temps de sa vie femme Mahieu de Coignoel, *escuier*, trespassa le 21 jour de mars » 1409.

1410. « Mathieu de Congnoel, *escuier*, bourgeois, demeurant à Pas-en-Artois[1]. »

De ce que les Cogneul portaient des armes

---

1. Arch. de La Roche-Mailly. Extraits de pièces collationnées en 1780, par Josse-François-Sophie Binot, trésorier des chartes d'Artois.

presque identiques à celles des Mailly, il ne
s'ensuit pas que les deux maisons fussent de
même origine. A ce compte, toutes les familles
— et elles sont nombreuses — qui ont des
maillets dans leur blason seraient de même
extraction. Pourquoi les Couronnel veulent-ils,
à cause de la similitude des armes, rattacher
les Cogneul aux *Mailly* plutôt qu'aux *Mailloc*? Jean de Mailloc, écuyer, vivant en 1367,
avait, tout comme les Cogneul, un *écu chargé
de trois maillets au filet ou bâton en bande* [1].

A la différence des Cogneul, les Couronnel
vivaient bourgeoisement. Contrairement à l'u-
sage de tous les nobles, jamais à l'origine ils
ne prirent les qualificatifs d'*écuyer* ou de *chevalier*. En voici la preuve sans phrases :

1390. « De *Jehan Couronné* qui a acaté à Mahieu de La Motte 1 fief séans au terroir d'Avesnes, tenu du chastel d'Avesnes à demy lige, et
fut vendu XV francs [2]. »

1399. « De *Jehan Couronnel,* pour sa terre
d'Avesnes, XXX sols [3].

1401, 23 juin. « Comparus en leurs personnes *Jehan Couronnel*, Arnoul des Liions, Jehan
Godard, etc., *Jaquote des Lions, femme dudit*

---

1. Bibl. nat. *Titres scellés de Clairambault*, t. 68, p. 5299,
n° 111. Orig. parch.
2. *Compte d'Adam de Houssel, receveur d'Avesnes.*
3. *Ibid.*

Couronnel .... forains et non bourgeois d'Arras[1]. »

1407. « De *Jehan Couronnel, non noble*, demeurant à Avesnes-le-Comte, pour 1 fief tenu à XXX sols de relief de mons[r] de Bourgogne de son chastel d'Avesnes, contenant XXII mencaudées de terre à hanable, où terroir de Ruillecourt, qui doivent disme et terrage et valent par an XII deniers le mencaudée, à lui venu de le succession de Jehan Audeffroy, dit Maisne, oncle de la femme dudit *Jehan Couronnel*, appointé pour XL sols[2]. »

Voilà un Jean Couronnel qui n'a guère *noble* apparence.

Au dire de M. le comte de Couronnel[3], ce Jean Couronnel, fils de Gérard Couronnel, rangé parmi les *non nobles* dans le compte de Jean Robaut, aurait épousé Jacquette Huquedieu ; notre document du 23 juin 1401 lui donne pour femme Jaquote des Lions. De plus, il aurait eu pour frère *Hue Couronnel* que l'auteur des *Souvenirs d'une ancienne famille*, selon sa louable habitude de défigurer les vieux textes, baptise du nom de *Hugues de Mailly-Couronnel*, sous l'étonnant prétexte que cela « importe peu pour ses services. »

1. *Reg. aux embrevures d'Arras.*
2. *Compte de Jehan Robaut, receveur des bailliages d'Arras, d'Avesnes, etc.*
3. *Souvenirs*, p. 39.

Cette dernière remarque me rend rêveur ! Si changer son nom n'a pas d'importance, pourquoi M. le comte de Couronnel ne s'appelle-t-il pas Montmorency-Couronnel ou Bourbon-Couronnel ? Son origine n'en serait que plus illustre !

Hue Couronnel était-il frère de Jean Couronnel, *non noble,* demeurant à Avesnes-le-Comte ? Je veux bien l'admettre sur la foi de l'auteur des *Souvenirs.*

Quoi qu'il en soit, ce Hue Couronnel mourut en 1428 et fut enterré auprès de son père Gérard Couronnel, dans le cimetière de Saint-Nicaise d'Arras, où autrefois on lisait cette épitaphe, surmontée des armes : *d'or à trois maillets de gueulles avec un filet de sable en bande* :

« Cy gist auprès (de Gérard) *maître Hues Couronnel,* son fils, *avocat en la cour du roy, notre sire, à Beauquesne,* qui trespassa le jour du grand vendredi, à heure de none, second jour du mois d'avril, l'an 1427 (v. s.). »

Mort en 1428, l'avocat du roi Hue Couronnel[1] (ni chevalier, ni écuyer) ne pouvait guère faire une vendition à la comtesse d'Artois cent trois ans auparavant, en 1324. Mais, cette difficulté n'est pas faite pour arrêter M. le comte de Couronnel ; il écrit sans sourciller : « On

1. 1412, 27 septembre. « *De Huart Couronnel, advocat,* XX IIII sols. » Reg. d'Arras.

voit Hugues de Mailly-Couronnel figurer dans
un acte avec la comtesse d'Artois à laquelle
il vendit vingt mencauds bledz qui luy apar-
tenoient chaque ans sur la grange de Loges. »
Et il ajoute : « Nous n'avons malheureusement
pu retrouver la pièce concernant cette vente[1]. »

Si M. le comte de Couronnel n'a pu retrouver la pièce concernant cette vente, où donc
a-t-il rencontré que Hugues de Mailly-Couronnel, ou plutôt Hue Couronnel, avait vendu
vingt mencauds de blé à la comtesse d'Artois ?
Probablement dans quelques notes informes
qu'il décore du titre de papiers de famille.

La vente eut pourtant lieu et le document
original en existe encore aux archives départementales du Pas-de-Calais, à la date du 25 février 1323 (v. s.), « le samedi prochain devant
quaresme prenant. » La comtesse d'Artois était
alors Mahaut, et le vendeur se nommait « Hue
Maaillie, escuiers. » C'est ce « Hue Maaillie,
escuier, » vivant en 1324, que M. le comte de
Couronnel a identifié avec Hue Couronnel, l'a-
vocat, mort en 1428.

Je donne ici l'analyse de cette pièce afin que
M. le comte de Couronnel puisse l'utiliser
exactement dans la deuxième édition de ses
Souvenirs.

---

1. *Souvenirs*, p. 27.

1323 (v. s.), 25 février, Bapaume. — « Mahieus Chambellens, baillis de Bappaume, » fait savoir que « HUES MAAILLIE, escuiers, » a vendu à la comtesse d'Artois « wiet (huit et non vingt) mencaus de blé que li dit Hues avoit et pooit avoir chascun an seur le grange de Gorges[1], parmy le pris et le vente de vint livres parisis[2]. »

A Hue Couronnel succéda Charles Couronnel. Celui-ci, s'il faut en croire M. le comte de Couronnel, « suivit dans sa jeunesse la carrière des armes et se distingua dans la bataille de Mons-en-Vimeux, où il fut fait *chevalier*. »

Dans les actes, ce Charles Couronnel prend les titres de « conseiller et procureur général de monsieur le conte de Saint-Pol, » d'échevin d'Arras, de greffier de l'échevinage, de premier clerc des quatre de la ville d'Arras, de conseiller du duc de Bourgogne[3], et jamais celui de *chevalier*.

Il y a lieu de s'étonner d'un tel mépris des titres honorifiques. Ce serait un fait peut-être unique dans les fastes nobiliaires que de rencontrer un homme noble qui, ayant gagné *sa chevalerie* à la pointe de l'épée, n'aurait jamais songé à s'en parer comme d'un titre de gloire.

---

1. Et non Loges. Gorges, département de la Somme, arrondissement de Doullens, canton de Bernaville.
2. Arch. du Pas-de-Calais, A 69[11].
3. *Souvenirs*, passim.

Comme je ne veux rien affirmer sans preuves, il est bon de donner ici l'analyse de quelques actes où Charles Couronnel apparaît bourgeoisement, sans le titre de *chevalier* que lui décerne l'auteur des *Souvenirs*.

1426, 1ᵉʳ novembre. « Payé à *Charlot Couronnel* pour la *copie d'un mandement* et d'une rescription touchans le corps de ceste ville d'Arras.... VIII sols[1]. »

1438 (v. s.), 3 mars. « Loys de Luxembourg, comte de Saint-Pol, » nomme pour auditeurs de ses comptes son « très chier et très amé cousin maistre Simon de Luxembourg, archidiacre de Brabant et de Flandre, et » ses « amés et féaulx maistre Anthoine Glory,.... et *Charles Couronnel* » son « conseiller en Ternois. »

1442, 5 septembre. « A tous ceulx, etc. eschevins de la ville de Beauquesne, salut. Savoir faisons que, à la requeste de *Charles Couronnel*, conseiller et procureur général de monsʳ le comte de Saint-Pol, nous avons aujourd'hui oy et interroguié demoiselle Jehanne Blondelle, demoiselle de Conin, femme de Jehan de Caumesnil, *escuier*, laquelle nous a certifié que le dit *Charles Couronel* est son parent et cousin du costé des Blondeaux, et dès sa jo-

---

1. Extrait d'un compte de la ville d'Arras.

nesse le a ainsi communément oy dire et maintenir à ses.... parens et amis, et de cest costé estoit parent ledit Charles à deffunctz messire Charles Blondel, messire Jehan Blondel, chevaliers, Oudart Blondel et aultres nobles et de noble génération, etc. » Ce certificat est remarquable en ce qu'il parle uniquement de la noblesse de certains parents des Couronnel. C'était cependant le cas pour Charles Couronnel de faire affirmer la sienne.

1443, 24 août. « C'est le rapport et dénombrement d'un fief et noble tenement nommé le fief de Mernes, séant en la paroisse d'Erquinghem-sur-la-Lys, que je *Charles Couronel*, tiens et adveue à tenir de très redoubté seigneur monseigneur Thibault de Luxembourg, seigneur de Fiennes, dudit lieu d'Erquinghem, etc.[1]. »

1461, 26 septembre. « A tous ceulx, etc. Pierre Martin, huissier d'armes » du duc de Bourgogne « salut. Sachent tous que par devant Charles Peccart et Pierre Bonmarquiet, auditeurs du roi, etc., comparut en sa personne *Charles Couronnel,* conseiller de notre dit seigneur, monsʳ le duc de Bourgogne,.... et demourant à Arras, et recongnut que pour l'amour naturelle qu'il avoit à *Simon Couronnel,*

---

1. Extrait d'un ancien registre aux rapports des fiefs tenus de la seigneurie d'Erquinghem.

son fils,.... lui a donné, cedé, transporté,....
ung fief et noble tenement séant en la paroisse
d'Erquingehem-sur-le-Lis, nommé le fief de
Mernes, tenue de mons^r de Fiennes....[1] »

De Charles Couronnel, qui oublia toujours
son titre de *chevalier*, je passe à son deuxième
fils, Clérembault, continuateur de la lignée.

Clérembault Couronnel était « garde des
chartes et privilèges » d'Artois. Il avait un
frère utérin nommé Philippe Le Crépon[2], qui
demeurait à Bruxelles.

En 1476, « *maistre Clarembaut Couronnel* fut
ordonné, prié et requis par les mayeurs et eschevins bourgeois et communauté.... d'Arras
de venir en ambassade avec et en la compai-
gnie *des plus notables bourgeois et marchands de
ladite ville,* en bon nombre, envoiez devers »
Marie de Bourgogne « lors estans en » la
« ville de Gand. » Il fut pris en chemin par les
gens de Louis XI et décapité.

Le 25 avril 1477, Louis XI donna à son
« chier et bien amé maistre Jehan de La Vac-
querie, demourant » à Arras, « l'office de garde
des chartres et priviléges de son » dit « pays
d'Artois, estans en » sa « dite ville d'Arras,
que souloit tenir et exerser *maistre Clarembault*

---

1. Toutes ces pièces sont conservées en copies collationnées dans les archives de La Roche-Mailly.
2. Et non *de Crespon* comme l'imprime M. de Couronnel dans *Souvenirs*, p. 92 et suivantes.

Couronnel, vacant à présent parce que ledit Clarambault, pour aucuns grans cas, crimes, délis et maléfices par lui commis et perpetrez à l'encontre » dudit Louis XI « a été exécuté par justice[1]. »

Clérembault Couronnel fut le premier noble de sa famille ; il avait été *anobli* peu de temps avant sa mort. On trouve, en effet, dans un document authentique de 1475 : « *Maistre Clarembault Couronné, anobli.* — Jehan de Lens, noble. — Jacques de Ghistelle, noble. — Robert du Bois, noble. — Jehan de La Tramerie, noble[2]. »

Robert Couronnel, fils de Clérembault, est qualifié en 1500 de « noble personne, maistre ès arts et licentié en loix et en droit, escolier étudiant en l'Université de Paris. » Il eut à ce moment des démêlés avec Antoine de Mailly, seigneur de Cambligneul.

Robert Couronnel, avocat fiscal au conseil, laissa plusieurs enfants, entre autres Pierre, Jean, auteur de la branche de Mernes, et Charles, marié avec Anne d'Assonville, tous licenciés en loix.

---

1. Arch. de La Roche-Mailly. Cop. pap. collationnée en 1780 par Binot.

2. « *Prisée de plusieurs fiefs et arrière-fiefs de la salle de Lille.* » Document de la Chambre des Comptes de Lille. Reg. Flandre, 85, publié par F. Brassard : *Bans et arrière-bans de la Flandre Wallonne sous Charles-le-Téméraire.* Douai, 1884, p. 30.

J'en ai dit assez pour prouver que la famille
bourgeoise des Couronnel n'a rien de commun
avec la maison féodale de Mailly dont tous les
membres, même les cadets, ont toujours été
qualifiés écuyers ou chevaliers. M. le comte de
Couronnel sent si bien que la bourgeoisie en-
veloppe ses ancêtres comme une tunique de
Nessus qu'à tous propos il cherche à rehaus-
ser les fonctions d'échevin, d'avocat, de greffier de l'échevinage, etc. C'est une manœuvre
qui ne peut tromper personne.

Ses explications n'ont rien de satisfaisant.
Elles valent, d'ailleurs, l'étymologie qu'il nous
donne du nom Couronnel. « L'origine du nom
de Couronnel, dit-il, est toute simple, quand
on sait que les Mailly ont toujours eu la prétention d'avoir une couronne de forme particulière se rapprochant de celle des rois. La Morlière dit que de toute ancienneté le timbre ou
cachet de la maison de Mailly fut une couronne[1]. »

On ne saurait donner une plus pitoyable étymologie. Le nom de Couronnel existait au XIV°
siècle alors que les Mailly n'avaient aucune
prétention à la couronne dont parle l'auteur
des *Souvenirs*. Si La Morlière dit « que de toute
ancienneté le timbre ou cachet de la maison

1. *Souvenirs*, p. 15.

de Mailly fut une couronne, » il se trompe certainement. Aucun des nombreux sceaux Mailly qui existent encore ne porte de couronne au dessus de l'écu. D'ailleurs, le premier Mailly qui obtint la concession d'une couronne fleurdelisée, fut Colard, et à partir de 1410 seulement. Les Couronnel auraient-ils eu, dès 1390, le pressentiment de cette distinction ?

*
* *

Je l'ai dit plus haut. Ce fut seulement en 1655 qu'on adjoignit le nom de Mailly au patronymique Couronnel dans les lettres de chevalerie accordées à Philippe Couronnel par le roi d'Espagne.

« Ces lettres, dit M. le comte de Couronnel, à la page 187 des *Souvenirs d'une ancienne famille,* nous ont été heureusement conservées et nous pouvons les reproduire dans leur entier à la fin de ce chapitre. »

M. le comte de Couronnel, qui veut être de la maison de Mailly, malgré ses ancêtres, joue de malheur. Les fameuses lettres de chevalerie ne se rencontrent qu'en copie, et l'original, s'il a jamais existé, n'a pas été enregistré, comme on pourra s'en convaincre par les attestations suivantes :

— « Après les recherches les plus exactes faites par le soussigné pour trouver les *lettres-patentes de chevalerie* qui pourroient avoir été dépêchées en faveur de *Philippe Couronnel*, il ne les a pû trouver ni enregistrées dans les registres ni parmi les documens reposans en la Chambre des comptes de S. M. en cette ville, non plus que parmi ceux de l'office de l'audience. Les recherches qu'on a faites au même sujet en la Chambre héraldique ont également été infructueuses.... — Bruxelles, le 9 septembre 1780. (Signé) *Bauduin*, archiviste et commis aux recherches de la dite chambre des comptes[1]. »

— « Les Président et gens de la Chambre des comptes de Sa Majesté l'Impératrice douairière et reine apostolique, séante en la ville de Bruxelles, déclarent qu'après une recherche exacte faite dans les registres et actes de la dite Chambre, *on n'y a pas trouvé de patente de chevallerie* accordée par le roy d'Espagne à *Philippe Couronnel*, dit de Mailli, sous la date du 10ᵐᵉ juin 1655, dont copie nous a été remise pour effectuer la dite recherche, déclarent de plus qu'il n'est arrivé ni incendie, ni aucun autre évènement qui ait supprimé ou anéanti, en tout ou en partie, les actes de cette Chambre,

1. Arch. de La Roche-Mailly. Orig. scellé.

surtout point depuis l'époque de 1655. — Fait audit Grand Bureau et sous le cachet ordinaire de ladite Chambre, le 8ᵐᵉ novembre 1780. (Signé) Warant, etc.[1]. »

— « Monsieur. Ce n'est qu'au retour d'un séjour assez long que j'ai fait à Mons, que j'ai trouvé la lettre du 20 octobre dernier dont vous m'avez honoré, et de suite j'ai fait faire toutes les recherches possibles relativement à la *patente du sieur Couronnel* dont vous m'envoyez une copie ; mais, malgré tous les soins qu'on s'est donnés à cet égard, on n'a trouvé dans tous (sic) les archives du gouvernement aucune *patente* semblable à la copie que vous m'avez envoyée. *D'ailleurs, il est à remarquer que cette copie porte l'empreinte et la tache d'un faussaire, parce qu'elle est attestée par le chevalier de Launay*[2], *fameux généalogiste, mais reconnu faussaire au point qu'après une procédure criminelle à cet égard, il a été pendu à Tournay ;* je me souviens même d'avoir vu tous les actes de cette procédure criminelle qui ont été enlevés ensuite au greffe du siège royal du bailliage de Tournay, après la prise de cette ville en 1745, par M. de Sechelles, alors intendant de l'armée, ou plutôt par son premier secrétaire et subdélégué le sʳ

1. Arch. de La Roche-Mailly. Orig. papier.
2. Jean de Launay, « roy d'armes et généalogiste de S. M. en ses Pays-Bas et Bourgogne. »

Massart.... J'ai l'honneur d'être véritablement, monsieur, etc. — Bruxelles, le 9 novembre 1780. (Signé) le Président : de Warant[1]. »

L'attestation d'un faussaire n'est certes pas faite pour donner beaucoup de prestige aux lettres de chevalerie de Philippe Couronnel, dit de Mailly[2]. »

Le grand triomphe de M. le comte de Couronnel est la reproduction des *Lettres d'érection en marquisat des terres de Barastre etc., sous le nom de Mailly-Couronnel,* par Louis XV, en juin 1771. Malheureusement ces lettres, comme tous les documents du même genre, n'ont aucune valeur généalogique. Elles prouvent que MM. les gens du roi ont accepté les yeux fermés les prétentions de Charles-Oudart-Joseph Couronnel à ce point qu'ils font émettre à la fameuse sentence de 1445, fondement du système Couronnel, des assertions qu'elle ne contient pas. Un petit coup d'œil sur les deux textes en fera vite la preuve.

---

1. Arch. de La Roche-Mailly. Orig.

2. Je trouve en 1319 un « Vivien Dandelo, *dit de Mailly* » du côté de Chaumont en Bassigny. (Arch. nat., JJ 59, fol. 16). N'est-il point aussi un ancêtre de M. le comte de Couronnel ?

EXTRAIT DE LA SENTENCE
DE 1445

—

« .... Charles Couronnel avoit esté filz légittime de deffunct *Hue Couronnel* et de damoiselle Ysabel Le Viseuse, ses père et mère. Et du *costé de son dit père* estoit venu et extrait des seigneurs de Cougnœul, qui est ung costé noble d'anchienneté, et sont les armes (des Cougnœul) trois maillés de guelles sur un camp d'or à une bende de sable et crient Mailly. Et d'icelluy costé estoit ledit feu Hue Couronnel, cousin yssu de germain de ligne légitime à deffunct Colart de Cougnœul, au temps de sa vie, seigneur d'icelle ville de Cougnœul et cappitaine de Belle-Motte-lez-Arras, et à Mathieu de Cougnœul, son frère...... *Et peult ledit Charles porter, s'il luy plaist, les dites armes de Cougnœul.* »

EXTRAIT DES LETTRES DE
LOUIS XV EN 1775

—

La sentence de 1445 constate que « .... Charles Couronnel descend de Hugues *de Mailly-Couronnel* et de *Jeanne* Le Viseux et qu'il portoit les armoiries avec le cri de guerre, qu'il étoit d'une extraction aussi ancienne *tant du côté paternel que maternel.* En effet, *Gérard et Pierre de Mailly, père et ayeul dudit Hugues*, étoient issus des seigneurs de Cogneul, *venant d'Antoine de Mailly*, seigneur de L'Orsignol, Cogneul et Bayencourt. Le dit Hugues étoit cousin issu de germain de Colard de Cogneul, capitaine du château de Belmote-lez-Arras et de Mathieu de Cogneul, *l'un des descendants d'Antoine de Mailly de L'Orsignol. La branche Mailly-Couronnel, formée dans la personne de Pierre, porte pour armoiries trois maillets de gueulles, sur un champ d'or.* »

Il ressort clairement de la comparaison de ces deux textes que Charles-Oudart-Joseph

Couronnel a commenté lui-même, sans le moindre souci de la vérité, la peu authentique sentence de 1445, et que Louis XV a sanctionné de sa signature des détails généalogiques qui, après tout, ne le préoccupaient guère.

Le Conseil provincial supérieur d'Artois devait bientôt mettre fin aux prétentions injustifiées des Couronnel. Comme nous l'avons déjà dit plus haut, il fit défense, en 1782, à Charles-Oudart-Joseph Couronnel de Vélu et à ses descendants, de se dire issus de la maison de Mailly, notamment de la branche de Mailly L'Orsignol, et il lui ordonna d'ajouter à ses *armes la bande de sable* mentionnée en la sentence de 1445. De plus, il reçut M. le vicomte de Mailly, opposant à un arrêt du 3 août 1771 qui portait enregistrement des *Lettres* d'érection en marquisat des terres de Barastre et autres, obtenues « par le sieur Couronnel, sous le nom de Mailly-Couronnel. »

M. le comte de Couronnel glisse très légèrement, dans ses *Souvenirs*, sur l'arrêt de 1782 et semble insinuer [1] que le chef incontesté de la maison de Mailly, le marquis de Mailly-Nesle, avait alors reconnu pour légitimes les revendications des Couronnel. C'est encore une insinuation non fondée, car Louis-Joseph-Augus-

1. P. 350.

tin, comte de Mailly, marquis de Nesle, écrivit en 1808, la lettre suivante :

« A Monsieur d'Hesèque, au chasteau de Mailly, par Albert, département de la Somme.

» Monsieur, J'ai reçu la lettre que vous m'avez fait l'honneur de m'écrire. J'ignorais d'autant moins qu'un monsieur Coronel portait le nom de Mailly, qu'avant la Révolution il vint me prier de le reconnaître de ma maison. Je vis en lui un vieux officier, couvert de blessures, ma loyauté me dicta de lui dire que ce serait volontiers. *Mais, après examen de ses titres par le sieur Chérin, généalogiste de la cour, auquel je le recommandai, le résultat de son travail fut que M. Coronel était bon gentilhomme, mais pas de la maison de Mailly.*

» La révolution étant arrivée, les plus petits individus étant devenus ce que les grandes maisons étaient, et les grandes maisons, privées de noblesse, étant sans armes, sans titres, sans nom et sans biens, je ne vois pas à quoi reviendra de rechercher si M. Coronel ajoute ou non à son nom celui de ma maison.

» Tel est relativement à moi, mon opinion. Je vous prie de recevoir, monsieur, les assurances des sentiments avec lesquels j'ai l'honneur d'être

» Votre très humble et très obéissant serviteur   » Mailly-Nesle.

» Paris, ce 3 mai 1808, place de la Concorde, 4. »

⁎
⁎⁎

Je n'ai peut-être pas réussi à enlever à M. le
comte de Couronnel les chères illusions qu'il
semble avoir depuis l'année 1887 ; il n'y a pire
sourd que celui qui ne veut entendre. Cependant l'auteur des *Souvenirs d'une ancienne famille*
sera forcé de reconnaître :

1° Qu'il n'existe aucun document authentique rattachant directement en ligne masculine
les Couronnel aux Cogneul et les Cogneul aux
Mailly.

2° Que sa prétention d'être de la maison de
Mailly par les Cogneul repose sur de simples
inductions qui elles-mêmes s'appuient sur deux
documents plus que suspects.

3° Que les anciens Couronnel, Gérard, Hue
et Charles, vivaient bourgeoisement comme de
bons avocats, clercs ou greffiers, sans jamais
oser adjoindre à leur nom les qualificatifs de
noble, écuyer ou chevalier, ce qu'ils auraient
fait, sans nul doute, s'ils avaient été de la maison de Mailly.

4° Que son ancêtre Clérembault Couronnel,
descendant de Charles, d'Hue et de Gérard,
fut anobli vers 1475, *probablement* parce qu'il
n'était ni noble ni fils de noble.

5° Qu'une famille qui possède un blason

presque semblable à celui d'une autre maison n'a pas, par ce seul fait, avec celle-ci une communauté d'origine.

6° Que la possession d'un blason n'est pas une preuve de noblesse puisqu'autrefois les bourgeois, les marchands et même les gens de métiers avaient des armes[1].

7° Que les lettres de chevalerie accordées en 1655, par le roi d'Espagne en faveur de Philippe Couronnel sont aussi suspectes que la sentence de 1445 puisqu'elles ont été attestées par un faussaire, pendu à Tournay.

8° Que les lettres d'érection en marquisat des terres de Barastre et autres, sous le nom de Mailly-Couronnel, par le roi Louis XV, en juin 1771, n'ont aucune valeur généalogique.

9° Que le généalogiste Chérin, réputé pour la sévérité consciencieuse de ses recherches, n'a pu reconnaître les Couronnel pour des Mailly.

---

1. Eustache Langlois, épicier à Saint-Omer, en 1300, avait un *écu portant une épée en pal, la pointe en bas.*
Guillaume de Bécoud, hôtelier à Aire, en 1367 : *Ecu avec une bande de fusées chargées chacune d'une coquille, au lambel à trois pendants.*
Mahieu de Saint-Pol, marchand des bois de la forêt de Beaulo, en 1368 : *Ecu au chevron accompagné de trois paniers, dans un trilobe.*
Guillaume Bellebarbe, paveur, en 1318 : *Ecu portant une feuille de vigne, dans un trilobe.*
Renaud Moustarde, plombier à Douai, en 1326 : *Ecu portant un maillet ou marteau.*
Je pourrai multiplier ces exemples, mais je me contente de renvoyer les incrédules au beau travail de M. Demay, *Inventaire des sceaux de l'Artois et de la Picardie.*

10° Que, par son arrêt motivé de 1782, le Conseil provincial et supérieur d'Artois fit défense aux Couronnel de se dire issus de la maison de Mailly et leur ordonna de rétablir dans leurs armes *la bande de sable* mentionnée dans la sentence de 1445.

11° Que l'auteur de la *Notice sur la famille de Couronnel,* publiée dans l'*Annuaire de la Noblesse* de 1859, affirme que la *maison de Couronnel n'a point une commune origine avec celle de Mailly.*

M. le comte de Couronnel, qui se pique de respecter l'histoire et les documents anciens, va probablement faire l'application de ses principes. A l'exemple des premiers Couronnel et pour obéir à l'arrêt de 1782, il se contentera du nom que lui ont légué ses pères et reprendra leurs armes : *d'or à trois maillets de gueulles avec une bande de sable,* sans la devise « *Hongne qui vonra,* » et sans la couronne fleurdelisée, apanage des seuls descendants de Colart et de Marie de Mailly.

Quant à M. de Mailly, Mis d'Haucourt, possesseur de l'ancien château de Nesle, il continuera de signer : *Mailly-Nesle,* en vertu de la substitution graduelle, perpétuelle à l'infini, établie par arrêt du conseil du roi du 25 juillet 1700[1].

---

1. Voir : Deuxième partie, n°s IV, V et VI.

2ᵉ PARTIE

—

POLÉMIQUE

ENGAGÉE DANS LE JOURNAL *Le Gaulois*

ENTRE

M. LE COMTE DE COURONNEL ET LE MARQUIS DE MAILLY-NESLE

AU SUJET DES

SOUVENIRS D'UNE ANCIENNE FAMILLE

———

I

Souvenirs d'une Ancienne Famille, par le comte de Mailly-Couronnel[1].

« Le livre, ici s'efface devant l'auteur[2]. M. le comte de Mailly-Couronnel, descendant des

———

1. C'est cet article bibliographique qui a provoqué la polémique suivante (Mailly-Nesle).
2. Il eût mieux valu que l'auteur s'effaçât devant le livre (M.-N.).

Montmorency, beau-frère de feu le marquis de
Pimodan, ayant lui-même épousé Mlle de Béthune, est un de ces gentilshommes libéraux,
aux idées larges, qui n'ont pas hésité à servir
la patrie aux jours de deuil et à payer de leur
personne. Le comte de Mailly-Couronnel com-
mandait, en 1870, une compagnie des mobiles
de la Haute-Vienne.

« Possesseur d'une grosse fortune, établi en
Limousin, où il a des domaines considérables,
le comte de Mailly-Couronnel tient une large
place dans le département, tant par sa situa-
tion personnelle, qui commande l'estime et le
respect, que par le bien qu'il fait autour de lui.

« Aidé, en cette besogne, par la comtesse, sa
femme, M. de Mailly-Couronnel pratique la
charité et l'hospitalité en véritable grand seigneur. Agronome distingué, il prend part aux
comices agricoles, et tout dernièrement encore,
parcourant, en dehors de ses domaines, deux
villages frappés par la grêle, il leur ouvrait sa
bourse avec autant de générosité que de discré-
tion.

« Un hasard seul nous a révélé cette bonne
action[1].

---

1. L'auteur de ce prétendu compte-rendu bibliographique eût mieux fait de s'étendre davantage sur la valeur
historique du livre de M. le comte de Couronnel plutôt
que de nous parler de ses vertus privées. Cette tendance
à mêler les sujets me semble un procédé fâcheux, car un

« Son livre, consacré à sa maison, est plein de documents historiques, de recherches intéressantes ; curieux à lire, c'est un monument élevé à sa race, qui n'en est pas moins instructif pour tous ceux qui sont curieux de l'histoire de notre pays.

« Pour juger de l'esprit dans lequel l'ouvrage a été écrit, nous croyons bien faire en en reproduisant en partie la préface, si éloquente et si vraie.

« Elle est dédiée à ses enfants.

« Puissiez-vous, dit-il, en vous inspirant » des exemples d'honneur que vous ont laissé » les ancêtres, vous montrer dignes d'eux, » non seulement par vos vertus, mais par les » services rendus à la patrie. La noblesse » meurt aussi bien que les personnes quand les » familles ne savent pas l'entretenir, car, loin » d'autoriser l'orgueil et l'oisiveté, sa digne » compagne, elle oblige et ne cessera jamais » d'obliger. »

« Rien à ajouter à ces nobles paroles qui indiquent, chez celui qui les prononce, des sentiments patriotiques dont il a su donner des preuves en des temps douloureux. »

(Gaulois du 6 septembre 1891).

livre ne peut bénéficier des qualités morales de son auteur. On peut être bon père de famille, citoyen vertueux, et pitoyable historien (M.-N).

II

Lettre du marquis de Mailly-Nesle à M. Arthur Meyer, directeur du journal le Gaulois, relative à l'article bibliographique précédent.

« Monsieur,

« J'ai recours, en ma qualité d'ancien abonné au *Gaulois,* à votre obligeance pour publier ces quelques lignes :

« Je viens de lire à la troisième page de votre journal du 6 septembre, à l'article bibliographie : *Souvenirs d'une ancienne famille,* par le comte de Mailly-Couronnel.

« Cette annonce est suivie d'un éloge très mérité de M. le comte de Couronnel et de ses alliances.

« Je dois cependant faire remarquer à ceux qui liront son ouvrage, qu'excepté la descendance d'Augustin-Joseph, comte de Mailly, maréchal de France, mort sur l'échafaud révolutionnaire en 1794, personne n'a le droit d'ajouter à son nom celui de l'ancienne maison de Mailly.

« Veuillez accepter, Monsieur, mes remerciments anticipés et croire à mes sentiments très distingués.

« Marquis de MAILLY-NESLE.

« La Roche-Mailly, Pontvallain (Sarthe), 8 septembre 1891. »

(Gaulois du 11 septembre).

III

- *Réponse de M. le comte de Couronnel.*

« Magnac-Laval (Haute-Vienne), le
12 septembre 1891.

« Monsieur le directeur,

« Je vous prie d'insérer cette lettre en réponse à celle signée « marquis de Mailly-Nesle » que je viens de lire dans le *Gaulois* du 11 courant.

« J'ai cru, jusqu'à présent, que la branche aînée des Mailly, dite de Nesle, s'était éteinte en la personne d'Anne-Adélaïde-Julie, mariée, à la fin du siècle dernier, à Louis-Marie, prince d'Arenberg.

« Qui peut donc actuellement se dire marquis de Mailly-Nesle et prétendre agir en chef de famille ?

« Je n'ai pas eu à m'occuper de MM. de Mailly d'Haucourt, dans un ouvrage dont le caractère historique n'a rien d'agressif. C'est plutôt un recueil de documents, un livre de raison, publié d'après des archives de famille, qu'une généalogie.

« C'est ainsi que je l'ai présenté à plusieurs sociétés savantes et que je me suis décidé à le faire imprimer à un nombre assez restreint d'exemplaires.

« L'auteur de la lettre pourra se le procurer à Limoges, chez l'imprimeur, M. Herbin.

« Il pourra y reconnaître la valeur de certaines prétentions, en lisant les lettres d'érection en marquisat accordées à Charles-Oudard-Joseph de Mailly-Couronnel, par le roi Louis XV, au mois de juin 1771.

« Veuillez agréer, Monsieur le directeur, avec mes remerciements anticipés, l'assurance de mes sentiments distingués.

« Comte de Mailly-Couronnel. »

(*Gaulois* du 14 septembre).

IV

Réplique du marquis de Mailly-Nesle.

« La Roche-Mailly, par Pontvallain)Sarthe),
15 septembre 1891.

« Monsieur le directeur,

« Je viens, pour la seconde et dernière fois, faire appel à votre obligeance habituelle pour publier cette lettre.

« Chacun sait qu'à l'extinction d'une branche aînée la suivante devient aînée à son tour ;

c'est en vertu de ce droit que mon grand-père
est devenu chef de la maison de Mailly.

« La substitution de Nesle, graduelle, perpétuelle à l'infini, est établie par arrêt du conseil du Roi du 25 juillet 1700.

« Mon grand-père en a ainsi recueilli les
titres.

« Je désire mettre sous les yeux de vos lecteurs que cette question pourrait intéresser :

« L'arrêt du conseil provincial et supérieur
» d'Artois du 10 mai 1782, qui fait défense à
» messire Charles-Oudard Couronnel de Vélu
» et à ses descendants nés, à naître, de se dire
» issus de la maison de Mailly, de prendre ou
» porter le nom de Mailly, seul ou conjointe-
» ment avec celui de Couronnel, lui ordonne
» de faire tenir note dudit arrêt, en marge des
» contrats et actes de mariage, actes de baptê-
» me et de sépulture, tant dudit sieur Couron-
» nel que de son père et de ses enfants dans le
» délai d'un an ; de faire effacer le nom de
» Mailly sur les épitaphes et autres monu-
» ments publics de sa famille dans le même
» délai ; ordonne audit sieur Couronnel d'ajou-
» ter à ses armes, partout où elles sont pein-
» tes, gravées ou sculptées, la bande de sable
» mentionnée en la sentence du 24 avril 1445,
» ainsi que ses aïeux et les seigneurs de Co-
» gnœul la portaient, dans le même délai ; re-

» çoit M. de Mailly opposant à l'arrêt du 3
» août 1671, portant enregistrement des lettres
» d'érection en marquisat des terres de Baras-
» tres et autres, obtenues par ledit sieur Cou-
» ronnel ; faisant droit sur ladite opposition
» et sur les conclusions de MM. le gens du
» Roi, ordonne que l'arrêt sera rapporté ; con-
» damne le sieur Couronnel aux dépens. »

« Agréez, Monsieur le rédacteur, avec mes remercîments, l'assurance de mes sentiments distingués.

« Marquis de MAILLY-NESLE. »

(Gaulois du 17 septembre).

V

Réplique de M. le comte de Couronnel.

« Magnac-Laval (Haute-Vienne),
ce 18 septembre 1891.

« Monsieur le rédacteur,

« Vous avez accueilli deux lettres signées : « marquis de Mailly-Nesle ; » il est de toute justice que vous en accueilliez aussi deux autres signées : « comte de Mailly-Couronnel. »

« Je n'ai voulu, dans un ouvrage dont on peut reconnaître que le caractère historique n'a rien d'agressif, insérer aucune pièce qui ait l'apparence d'une attaque. »

« On n'y trouvera donc pas celle-ci, que sa longueur me force à résumer, mais dont les intéressés pourront prendre connaissance dans un vieil ouvrage intitulé : *Le parfait Notaire,* tome II, page 273. C'est l'acte du 25 juillet 1700 invoqué par mon honorable contradicteur[1] pour se dire le marquis de Mailly-Nesle. L'acte émane de Louis-Charles, marquis de Mailly-Nesle et de Moncavrel et de dame Jeanne de Mouchy, son épouse. C'est plutôt une donation faite par eux en faveur de leur petit-fils Louis de Mailly-Nesle, qu'une substitution, puisque les donateurs s'y arrêtent aux « deux branches de leur maison, » c'est-à-dire aux descendants de leurs deux fils MM. de Nesle et de Rubempré :

« En cas d'extinction de leur postérité mâle
» la substitution n'aura lieu à l'égard des filles
» que dans le cas où elles se trouveraient ma-
» riées ou avoir été mariées à l'un de leurs pa-
» rents du nom et armes de Mailly ; ou bien à
» condition d'épouser un de leurs parents dans

---

1. Le contradicteur de M. le comte de Couronnel n'a pas besoin de recourir au *Parfait Notaire* pour avoir connaissance de l'acte du 25 juillet 1700. Il en possède dans sa bibliothèque de nombreux exemplaires imprimés à Paris, chez Pillet aîné, rue des Grands-Augustins, n° 7 (Mailly-Nesle).

» l'espace de deux ans à compter du jour de la
» substitution à leur profit si elles sont majeu-
» res de vingt-cinq ans et en dedans deux ans
» du jour de leur majorité si elles sont mineu-
» res. En cas de défaillance des susdits on ap-
» pellerait d'abord à la substitution demoiselle
» de Mailly, sœur du donataire, et après elle
» graduellement ses enfants et descendants mâ-
» les. En cas d'extinction de la branche de la-
» dite demoiselle sont appelées de la même
» manière les filles du comte de Mailly-Ru-
» bempré, fils cadet des donateurs. »

« Quant à la procédure invoquée, elle ne
concerne pas plus l'auteur de la lettre que l'acte qui précède. L'erreur qu'il commet en faisant intervenir un personnage qu'il appelle le
comte de Mailly donne la valeur de sa citation.

« Les Mailly-Couronnel ont eu des difficultés avec le vicomte de Mailly Saint-Chamans,
de la branche de Mareuil, tout comme les Mailly-d'Haucourt avec le comte de Mailly-Rubem-
pré, de la branche de Nesle. Cela ne peut dé-
truire pour personne les services rendus et les
récompenses acquises.

« Je n'ai jamais eu l'entention de modifier
un nom que je porte depuis plus de cinquante
ans[1] et, si j'ai signé mon livre : « comte de Mailly-Couronnel, » c'est que j'ai voulu réserver à

1. Pourquoi donc, il y a *quatre ans*, en 1887, l'auteur
d'*Un Ambassadeur d'autrefois*, signait-il tout simplement
le comte de Couronnel.

mes enfants des droits qu'il est de mon devoir
de ne pas laisser prescrire.

« Veuillez agréer, Monsieur le rédacteur,
avec mes remerciements anticipés, l'assurance
de ma considération distinguée.

« Comte de MAILLY-COURONNEL. »

(*Gaulois* du 21 septembre).

VI

Autre réplique du marquis de Mailly-Nesle.

« La Roche-Mailly, Pontvallain (Sarthe),
ce 25 septembre 1891.

« Monsieur le rédacteur,

« Après ma lettre du 15 septembre, j'avais
cru que M. de Couronnel se considèrerait comme suffisamment instruit et qu'il clorait le dé-
bat.

« Je vois qu'il n'en est rien et qu'au lieu de
m'opposer une pièce authentique détruisant
l'acte de 1782, qui lui défend de se dire de la
maison de Mailly et d'en joindre le nom à celui
de Couronnel, il se borne à me contester le
droit de porter le titre de marquis de Nesle.

« M. de Couronnel déplace étrangement la

question ; j'y répondrai cependant par égard pour les lecteurs de votre journal.

« Dans les quelques lignes citées par lui de la substitution de Nesle, il se garde bien, avec une bonne foi que le public appréciera, de faire remarquer qu'à la page 8 de l'acte il est dit :

« Et si tous ceux et celles qui sont appelés à
» la dite substitution viennent à défaillir, veu-
» lent et entendent les dits seigneurs et dames
» donateurs que les dits biens appartiennent
» au plus proche parent mâle du nom et armes
» de Mailly. »

« La substitution n'existait donc pas seulement pour les branches de Nesle et de Rubempré, comme l'affirme M. de Couronnel, mais pour toute la maison de Mailly.

« Voici d'ailleurs, une sentence du Châtelet que M. de Couronnel ne doit pas connaître, pour contester aussi à la légère des droits qui ne le regardent nullement :

« Sentence du Châtelet de Paris, du 5 juil-
» let 1738, par laquelle, sur l'avis des parents
» et amis de messire Louis, comte de Mailly,
» chevalier de l'ordre militaire de Saint-Louis,
» ancien capitaine-lieutenant des gens d'armes
» écossais, premier appelé à la substitution
» faite devant Monnerat et son confrère, notai-
» res au Châtelet de Paris, le 21 juillet 1700,
» par feu messire Louis, marquis de Mailly

» de Néelle, et dame Jeanne de Monchy,
» son épouse, des biens désignés en l'acte de
» ladite substitution, savoir : messire Louis
» de Mailly, comte de Rubempré, capitaine-
» lieutenant des gens d'armes écossais, cousin
» paternel dudit sieur comte de Mailly ; messire
» Louis-Alexandre de Mailly, chevalier non-pro-
» fès de l'ordre de Saint-Jean de Jérusalem, aus-
» si cousin paternel ; messire Victor-Alexandre,
» marquis de Mailly, brigadier des armées du
» Roi, cousin paternel et maternel ; messire
» Joseph-Augustin de Mailly, marquis d'Hau-
» court, capitaine-lieutenant des gens d'armes
» de Berry, cousin paternel ; messire Louis-
» Alexandre de Mailly, chevalier, etc., com-
» parant en personnes ou par procureur, le
» sieur Auzonne, bourgeois de Paris, est élu
» tuteur à ladite substitution, à la place du
» sieur Moullon, etc. »

(Expédition signée : Cuyret).

« Quel est donc ce messire Joseph-Augustin de Mailly, marquis d'Haucourt, cité dans
la sentence comme appelé à la substitution ?

« Ce personnage, que M. de Couronnel passe, à dessein, sous silence, était mon aïeul, le
maréchal comte de Mailly, marquis d'Haucourt,
mort sur l'échafaud, à Arras, en 1794.

« Il parle de droits qu'il veut léguer à ses
enfants !

« Le droit de porter mon nom, il ne l'a jamais eu ; la condamnation de 1782 en fait foi.

« Je possède en entier le dossier de l'affaire Couronnel. La vicomtesse de Mailly, fille du maréchal de Castries, a donné ces intéressants papiers à mon grand-père, en 1820, comme au seul représentant de la maison de Mailly ; elle ajoutait qu'il serait peut-être obligé de s'en servir.

« Qu'il reprenne donc son nom de Couronnel de Velu, qu'il n'aurait jamais dû quitter, et remette sur ses armes, comme l'acte de 1445 et celui de 1782 l'y forcent, cette bande de sable qu'il fait disparaître.

« Je finis, en m'excusant auprès des lecteurs du *Gaulois* de cette lettre si longue. Quoi qu'il advienne, je considèrerai l'incident comme clos dans ce journal, mais je suis résolu, d'accord avec toute ma famille, à demander aux tribunaux l'exécution de l'arrêt de 1782, contre l'usurpateur de mon nom.

« Agréez, Monsieur le rédacteur en chef, l'assurance de mes sentiments très distingués.

« Marquis de MAILLY-NESLE. »

(Gaulois du 27 septembre).

VII

Autre réplique de M. le comte de Couronnel.

« Magnac-Laval (Haute-Vienne),
le 28 septembre 1891.

« Monsieur le directeur,

« Tout en trouvant comme vous, « qu'un journal ne peut être un champ ouvert à des revendications de famille, » je me vois forcé de vous prier de me rouvrir vos colonnes comme vous l'avez fait pour mes adversaires.

« Ce n'est plus, cette fois, pour suivre mon honorable contradicteur dans une polémique trop ardente à mon gré[1].

« Serions-nous les aînés de tout ce qui peut rester de Mailly et aurions-nous, pour cela, été plus vivement attaqués que les autres au siècle dernier, nous ne réclamions rien[2], et je me contentais de l'impression très restreinte d'un travail auquel la contradiction a fait plus de succès que je n'osais l'espérer.

« Maintenant si l'auteur de la lettre croit

---

1. Voilà au moins un étrange argument dans une discussion généalogique (M.-N.).

2. Mais si, vous réclamez et vous protestez, puisque vous reprenez un nom que la sentence de 1782 vous a interdit de porter.

qu'une érection en marquisat, signée du Roi et
de ses ministres, comme celle « donnée à Ver-
sailles, au mois de juin de l'an de grâce 1771, »
puisse être mise à néant par un simple procès,
qu'il le prouve[1].

« Il trouvera cette pièce, qui est beaucoup
trop longue pour en demander ici l'insertion,
aux pages 367 et suivantes des *Souvenirs d'une
ancienne famille,* imprimés à Limoges, chez
M. Herbin.

« Elle y est accompagnée de toutes les for-
malités d'usage, notamment d'un arrêt du conseil supérieur d'Artois ordonnant que « lesdi-
tes lettres seront enregistrées au greffe pour
être exécutées selon leur forme et teneur et jouir
l'impétrant de l'effet d'icelle. »

« Si sa famille a été admise au procès de
1782, dont il affirme avoir les pièces, qu'il
donne les noms des parties et qu'il en fasse
connaître la cause[2].

« Enfin puisqu'il parle d'usurpation, qu'il
montre l'érection qui lui donne le droit de changer le nom de comte de Mailly-d'Haucourt,

---

1. Suivant le désir de M. de Couronnel, j'ai établi dans
la première partie de ce travail que les lettres de Louis
XV, de 1771, n'ont aucune valeur généalogique, non plus
que les autres documents de ce genre (M.-N.).

2. La cause de quoi ? du procès de 1782 ? La cause en
était bien simple. Les Couronnel usurpaient, sans aucun
droit, le nom de Mailly. Ceux-ci obtinrent alors l'arrêt de
1782 contre les Couronnel présents et futurs (M.-N.).

porté par ses parents, en celui de marquis de Mailly-Nesle[1].

« Je ne répondrai plus au correspondant du *Gaulois* qui signe de ce nom, et je vous prie d'agréer, Monsieur le directeur, l'assurance de mes sentiments distingués.

« Comte de MAILLY-COURONNEL. »

(Gaulois du 5 octobre)

VIII

Lettre de MM. de Broc et de Mailly-Châlon au marquis de Mailly-Nesle.

« Le Dorat, 12 octobre 1891.

« Mon cher ami,

« A la suite d'articles parus dans le *Gaulois* et que vous avez jugés offensants pour vous, vous nous avez priés d'aller demander à M. le comte de Couronnel une rétractation ou une réparation par les armes. M. le comte de Couronnel nous a mis en rapport avec deux de ses amis : MM. Allegrand et Rebeyrol.

« Après plusieurs entrevues, une rencontre a été, d'un commun accord, jugée inévitable.

---

1. J'ai déjà résolu cette question dans ma lettre précédente. M. le comte de Couronnel, je le constate, semble l'avoir oublié (M. N.).

« Lorsqu'il s'est agi de régler les conditions du combat, les témoins de M. le comte de Couronnel nous ont déclaré qu'ils ne signeraient qu'un procès-verbal où il serait désigné sous le nom de Mailly-Couronnel. N'ayant pas cru devoir admettre cette prétention, nous vous conseillons de soumettre cette difficulté à un arbitre choisi d'un commun accord, afin de pouvoir obtenir la rétractation ou la réparation par les armes que vous désirez.

« Nous restons à votre disposition, mon cher ami, et nous vous prions de croire à nos sentiments bien affectueux et dévoués.

« Marquis de BROC.

« Comte de MAILLY-CHALON.

« Le Dorat (Haute-Vienne), 12 octobre 1891. »

(Gaulois du 5 octobre).

IX

Lettre de MM. Rebeyrol et Allegran au comte de Couronnel.

« A Monsieur le comte de Mailly-Couronnel.

« Mon cher ami,

« Les témoins de M. le marquis de Mailly-Nesle s'étant refusés à vous reconnaître dans le procès-verbal rgélant les conditions d'une

rencontre le nom de comte de Mailly-Couronnel, sous lequel vous avez soutenu la polémique faisant l'objet du litige, il a été décidé que
la question serait soumise à un arbitre délégué
d'un commun accord.

« Nous restons toujours à votre disposition
et nous vous assurons de nos sentiments les
plus affectueux et les plus dévoués.

« REBEYROL,

« Maire de Magnac-Laval.

« ALLEGRAND,

« Conseiller général du canton du Dorat. «

(Gaulois du 5 octobre).

X

« Le Dorat, 13 octobre 1891.

« A Messieurs le marquis de Broc et le comte
de Mailly-Châlon.

« Messieurs,

« Ainsi que vous l'annonçait une dépêche
partie ce matin, il s'est produit, dans le règle-

ment de l'affaire qui nous occupe, une modification qui va la simplifier singulièrement.

« Considérant, en somme, qu'il est d'assez bonne maison pour se contenter de son nom sans en prendre un qui lui peut être discuté, M. le comte de Couronnel renonce à porter le nom de Mailly ; toute difficulté disparaît.

« Mais au cours de ces discussions, des paroles malsonnantes ont été échangées qui ne peuvent rester en l'air. Vous avez eu, Messieurs l'obligeance de vous déranger, et à notre grand regret. M. le comte de Couronnel, notre ami, l'a regretté plus que nous.

« Loin de vous obliger à un déplacement aussi ennuyeux, c'est lui qui se met à votre disposition, si vous le voulez bien, à Paris, centre qui ne dérangera personne, au moment et à l'heure qui vous plaira de lui assigner.

« Vous comprendrez également, Messieurs, qu'étant les amis pour ainsi dire locaux de M. de Couronnel et pris un peu à l'improviste pour les besoins de la cause, nous soyons remplacés à Paris par deux autres personnes que M. de Couronnel se fera un plaisir de vous désigner, sur votre avis.

Il nous reste, Messieurs, à vous témoigner notre vive reconnaissance de la haute courtoisie que vous avez apportée dans nos courtes relations et à vous prier d'agréer l'assurance de notre considération la plus distinguée.

« REBEYROL,

« Maire de Magnac-Laval.

« ALLEGRAND,

« Conseiller général du canton du Dorat. »

XI

Procès-verbal du 19 octobre 1891.

Une polémique engagée sur une question généalogique a mis en présence MM. le marquis de Mailly-Nesle et le comte de Couronnel.

M. le comte de Couronnel déclare formellement que s'il a contesté à M. le marquis de Mailly-Nesle son droit à la substitution de Nesle, c'était par ignorance de documents officiels qui existent, dont il a eu connaissance et qui établissent le droit absolu de M. le marquis de Mailly-Nesle.

Au cours de la polémique, s'il s'est produit dans l'échange des lettres quelque expression aigre ou pouvant occasionner un froissement, en ce qui le concerne M. le comte de Couronnel retire bien volontiers tout ce qui a pu paraître blessant à M. le marquis de Mailly-Nesle, n'ayant jamais eu l'intention de l'offenser.

Dans ces conditions, le cartel qu'avait envoyé M. le marquis de Mailly-Nesle à M. le comte de Couronnel se trouve annulé et les quatre témoins soussignés déclarent qu'il n'y a plus lieu à rencontre.

Fait double à Paris, le 19 octobre 1891.

Pour M. le Mis de Mailly-Nesle :
Mis de Broc.
Cte de Mailly-Chalon.

Pour M. le Cte de Couronnel :
Cte M. de Béthune.
Carl des Perrières.